PAROLES

D'UN

BIZKAÏEN.

PARIS,

A LA LIBRAIRIE ORIENTALE DE PROSPER DONDEY-DUPRÉ,

RUE RICHELIEU, No 47 bis.

—

1834.

PAROLES

D'UN BIZKAÏEN.

❋

IMPRIMERIE DE PROSPER DONDEY-DUPRÉ,

SUCCESSEUR DE SON PÈRE,

Rue Saint-Louis, N° 46, au Marais.

❋

PAROLES

D'UN

BIZKAÏEN,

AUX

LIBÉRAUX DE LA REINE CHRISTINE,

PAR J.-A. CHAHO,

AUTEUR DES PAROLES D'UN VOYANT.

PARIS,

A LA LIBRAIRIE ORIENTALE DE PROSPER DONDEY-DUPRÉ,
RUE RICHELIEU, No 47 bis.

—

1834.

Je crois faire plaisir aux hommes vrais, aux hommes libres en publiant ces *Paroles*.

La plupart de nos journaux politiques ont présenté l'insurrection des provinces basques sous le jour le plus faux : les uns avec l'ignorante fatuité qui les caractérise, les autres avec l'insigne mauvaise foi des partis.

La question qui ensanglante les Pyrénées occidentales est fort simple.

Il s'agit de savoir jusqu'à quel point les révolutionnaires castillans peuvent, sans blesser le droit humain et la justice, contraindre les Basques à une fusion honteuse qui entraînerait pour ces montagnards la perte de l'indépendance nationale et de la liberté civile.

S'il est vrai que l'initiative du progrès social appartient aux peuples les plus avancés, c'est aux Basques qu'il est donné de se placer à la tête du mouvement espagnol; car il n'existe pas sur la terre un seul peuple, je dis un seul, dont les institutions soient plus démocratiques, plus larges, plus égalitaires que celles des montagnards euskariens.

Si l'on me parle d'émancipation philosophique et de civilisation intellectuelle, j'ose prédire que chez aucun peuple cette dernière et sublime phase de la grande révolution ne sera plus radicale, plus complète, plus rapide.

J'en dirai les raisons quelque jour.

L'Esprit français serait aujourd'hui trop faible et ténébreux pour les comprendre.

Quant aux Basques, le christianisme symbolique est sur le point d'éprouver au milieu d'eux une métempsycose que moins d'un demi-siècle verra s'accomplir.

En attendant, il sera également impossible aux libéraux espagnols de subjuguer ce peuple né libre, ou de le gouverner avec d'autres lois que les siennes.

C'est là, j'en conviens, un fâcheux embarras pour les fabricans émérites de chartes-vérité et de gouvernemens à bon marché; mais que faire? Je n'y sais de remède qu'une bonne guerre d'extermination.....

Allons sophistes, encore quelques ordres impitoyables!...

Redoublez de surveillance par terre

et par mer, centuplez vos bataillons
de ligne et vos escouades de police;
traquez-moi de toutes parts ces pay-
sans héroïques qui luttent et triom-
phent désarmés! Encore quelques in-
cendies, encore quelques massacres!...

Je ne dis rien qui ne soit littérale-
ment vrai...

Otez le nom de D. Carlos à la guerre
que soutiennent les Basques, et les ré-
gimens français sont en marche sur
Eliçonde, baïonnette en avant...

Ils parlent de liberté et de civilisation... les Barbares!...

L'UN DES VOYANS.

PAROLES

D'UN BIZKAÏEN.

I.

Les Navarrais ont un Roi, les Bizkaïens un Seigneur; et ce Roi-Seigneur est D. Carlos.

Que nous parlez-vous donc d'Isabelle et de Christine, libéraux-sophistes de Madrid? Nous ne savons qui est Isabelle, et nous ne connaissons pas Christine.

Jamais l'étrangère ne sera proclamée Reine à Pampelune et Dame à Guernika.

Ignorez-vous que la liberté constitue pour les trois républiques de la Bizkaïe et le royaume de Navarre un privilége national?

Savez-vous ce que signifie en définition le mot *privilége*?

Il désigne une *loi privée*, une constitution particulière dérivant d'une individualité distincte et d'une nationalité indépendante.

Lisez la royale chronique d'Alphonse.

Vous verrez que jusqu'à l'année 1331 la république des Alavains eut une infinité de Seigneurs de diverses contrées ; tantôt le Seigneur de Bizkaïe, tantôt un Ricombre de Navarre ou un Infant de Léon, souvent même un chevalier étranger renommé pour sa vaillance et loyauté.

Lisez Mariana.

Vous verrez qu'au printems de l'année 1332, *les Députés de cette partie de la Cantabrie que l'on appelle Alava vinrent trouver le Roi de Castille, à Burgos, pour lui offrir le titre de leur Seigneur.*

Alphonse, transporté de joie, se rendit aussitôt à l'assemblée générale des Alavains, réunie, selon l'antique usage, dans la plaine d'Arriaga.

Il y fut reçu par les Laboureurs, les Écuyers et les hommes de ville de la contrée, en présence de l'Évêque de Calahorra.

Ce Prélat tenait entre ses mains la Croix et l'Évangile, sur lesquels les sermens respectifs devaient être prêtés.

Le traité juré entre la République et le Seigneur, roi de Castille, porte entr'autres clauses :

1° Que le Seigneur ne pourra regarder le pays d'Alava comme sa propriété.

2° Qu'il ne pourra exiger aucune espèce d'impôt.

3° Qu'il ne pourra acheter ou bâtir ni ville, ni village, ni forteresse, ni palais, dans le territoire de la République.

4° Enfin, que les Alavains conservent intacte la constitution démocratique des Cantabres leurs aïeux ; et que si quelqu'un, soit national, soit étranger, ose attenter aux droits de leur indépendance, chaque Alavain pourra le poursuivre avec armes et lui donner la mort.

Le Seigneur des Alavains est D. Carlos, Roi de Castille.

Mais vous, libéraux-sophistes de Christine, qui prétendez ravir brutalement à ces nobles Alavains leurs assemblées nationales et leur liberté, que leur proposez-vous en échange? Faut-il le dire?

LE DROIT D'ENVOYER UN PROCURADOR AUX CORTÈS DE MADRID!!...

II.

Sophistes de Madrid, savez-vous l'histoire? Écoutez bien.

Sous le règne de Henri de Castille, 3e du nom, le fisc ennemi renouvela contre les Guipuzkoans la demande d'un léger impôt appelé *pedido*, que le Roi Jean avait prétendu établir sur les provinces comprises entre l'Ebre et les Pyrénées.

Il arriva aux ministres du Roi Henri ce qui était arrivé aux ministres du Roi Jean.

Les villes et communautés du Guipuzkoa se réunirent par députés à Tolosa.

Il fut dit là *que les Cantabres étant des hommes nobles et libres, qui se gouvernaient par les lois de leurs ancêtres, ne devaient ni tribut ni impôt à qui que ce fût.*

Il fut arrêté que le *pedido* serait refusé;

et pour l'exécution de ce refus, l'assemblée décréta les mesures suivantes :

1° Que tout collecteur de Castille qui mettrait le pied sur le territoire de la République serait pris au corps et amené devant l'assemblée générale d'Uzarraga pour y être jugé et condamné à mort.

2° Que tout Guipuzkoan cité par devant la cour prévôtale de Castille refuserait de comparaître.

3° Que si le fisc de Castille se permettait de saisir les denrées et marchandises annuellement expédiées aux provinces voisines par les Guipuzkoans, les propriétaires des marchandises saisies préviendraient incontinent les magistrats du pays.

4° Que la nouvelle de cette saisie serait publiée à son de trompe dans tout le Guipuzkoa.

5° Que l'assemblée générale se réunirait immédiatement à Uzarraga, où il serait ordonné du rétablissement et de la restitution des objets saisis.

6° Qu'à cet effet tous les Guipuzkoans

depuis seize. jusqu'à soixante ans pren-
draient les armes.

7° Enfin, qu'une étroite amitié et fra-
ternité serait jurée entre les villes et les
communautés du Guipuzkoa, comme au
tems du Roi Jean; et que chacun sacrifie-
rait tous ses biens et sa vie pour maintenir
le pays en droit et justice.

Le fisc de Castille, informé de cette dé-
libération, n'osa plus parler de *pedido*.

III.

Libéraux-sophistes de Madrid, savez-
vous l'histoire? Écoutez bien.

Henri de Castille, 4e du nom, fit un
voyage dans les Seigneuries au tems où
les factions guerrières des Ganboins et des
Ognazines remplissaient la Cantabrie de
leurs discordes.

Le Juif Gaon, ministre de ses finances,
s'imagina que la présence du Roi parmi
les Guipuzkoans était une circonstance
des plus favorables pour leur extorquer
de l'argent.

Mais au lieu du *pedido* qu'il s'avisa de
réclamer, certain Guipuzkoan lui donna
de son épée au travers du corps dans la
ville de Tolosa.

A cette nouvelle, Henri, qui s'était
avancé jusqu'à Fontarabie, revint sur ses
pas à Tolosa, suivi d'une escorte nom-
breuse; et, dans le premier feu de son
emportement, fit abattre la maison dans
laquelle ce misérable avait été tué.

Les Tolosans, informés de son appro-
che, avaient pris leurs armes et s'étaient
réfugiés sur les hauteurs qui dominent
leur ville.

Que répondirent les hommes libres de
la montagne aux envoyés du Roi-Seigneur?
Écoutez bien.

« Les Basques sont les représentans de
» la nationalité ibérienne.

» Ils ont prodigué leur sang pour la dé-
» fense de la liberté espagnole, contre les
» Celto-Gaulois, contre Carthage et les
» Romains.

» Ils ont été la terreur des Visigoths
» pendant trois siècles.

» Ils ont restauré l'Espagne en chassant
» les Maures qui l'avaient conquise en dix-
» huit mois sur les Barbares.

» Les luttes des Basques contre les Ca-
» lifes d'Occident ont duré plus de six
» siècles. Le petit comté de Castille n'exis-
» tait même pas encore, alors que notre
» peuple comptait déjà dans les vallées
» des Pyrénées trois mille ans d'une exis-
» tence éclatante et d'une gloire euro-
» péenne.

» En reconnaissance du service capital
» que les Républiques pyrénéennes ont
» rendu aux Castillans, nous ne leur de-
» mandons qu'une seule chose : c'est qu'ils
» nous laissent jouir en paix de nos lois et
» de notre liberté, héritage de nos pères
» conservé au prix de tant de sang et de
» si glorieux travaux.

» Mais si jamais les Castillans se mon-
» traient ingrats et injustes à notre égard,
» ils apprendront à leurs dépens quels fu-
» rent et quels sont encore leurs maîtres
» dans l'art de la guerre et leurs libéra-
» teurs des montagnes.

» Relativement au *pedido* injustement
» réclamé et à la mort du Juif : le Guipuz-
» koan intrépide qui a tué ce publicain a
» bien mérité de ses frères ; sa cause est
» la nôtre à nous tous. Vous direz cela au
» Roi Henri.

» Vous lui direz que, jusqu'à l'année
» 1200, les Guipuzkoans ont proclamé sous
» le chêne une infinité de Seigneurs : tan-
» tôt le Seigneur de Bizkaïe, tantôt un
» guerrier de la maison de Larrea ou un
» Ricombre de Navarre, quelquefois même
» un chevalier étranger brave et loyal.

» Vous lui direz que lorsque les Dépu-
» tés de la République allèrent offrir au
» Roi de Castille, Alphonse-le-Sage, la
» Seigneurie du Guipuzkoa, à titre héré-
» ditaire, ce monarque fit éclater une
» grande joie.

» Il eut hâte de se rendre à l'assemblée
» générale des Guipuzkoans, et fut pro-
» clamé sous le chêne de Guerekiz, après
» avoir fait serment trois fois de respec-
» ter les traités qui leur garantissaient
» l'intégrité de leur indépendance.

» Retournez donc au Roi Henri, et rap-
» pelez-lui l'article fondamental de notre
» constitution républicaine; il est conçu
» en ces termes :

  » *Nous ordonnons que si quelqu'un, soit*
» *national, soit étranger, voulait contrain-*
» *dre quelqu'homme, femme, peuplade,*
» *bourg ou ville du Guipuzkoa à quoi que*
» *ce soit, en vertu de quelque mandat de*
» *notre Seigneur Roi de Castille, qui n'au-*
» *rait point été agréé et approuvé par l'as-*
» *semblée générale, ou qui serait attenta-*
» *toire à nos droits, libertés, lois, fors et pri-*
» *viléges, il lui soit incontinent désobéi; s'il*
» *persiste, qu'on le mette à mort.* »

Telle fut la réponse des Guipuzkoans.
Henri reconnut qu'elle était conforme à la
vérité et à la justice : il s'en retourna
comme il était venu, et il ne fut plus
question de *pedido*.

Mais vous, libéraux-sophistes de Madrid,
de quel droit prétendez-vous, au nom de
Christine, imposer ce peuple libre pour
un *pedido* de sept millions? serait-ce le
droit inique de la guerre?

Il vous reste à faire la conquête de la Cantabrie et de la Navarre. Malheur !...

A d'autres plus terribles que vous ces vallées furent fatales.

Là dorment, sous l'herbe ensevelis, les ossemens des centurions romains, des chevaliers francs et visigoths et des scheiks arabes. Malheur !...

La baïonnette navarraise deviendra célèbre comme l'ancienne hache d'armes des Vascons.

L'art nouveau de la guerre est plus favorable aux montagnards que la mêlée des vieilles batailles. Une balle se décoche de plus loin qu'un javelot, un trait d'arbalète ; elle va plus droit au but.

IV.

L'indépendance des Basques a souvent excité la haine jalouse de leurs voisins.

L'idée de fondre leurs belles provinces dans l'unité monarchique espagnole date de près de dix siècles.

Alphonse III, d'Oviedo, surnommé le
Grand, ayant attiré à sa cour le brave et
fidèle Ximenez, Seigneur des Bizkaïens,
le fit enfermer dans un cachot et envoya
une armée faire la conquête de la Bizkaïe
sous la conduite d'Odoaire.

Les Bizkaïens irrités marchèrent à la ren-
contre de l'ennemi. La bataille fut livrée
à quelque distance de Bilbao, dans cette
plaine aride et rocailleuse qui porte depuis
lors le nom d'*Arrigorriaga*, ou champ des
pierres rouges, à cause du sang asturien
dont elle fut arrosée.

Les Bizkaïens remportèrent une victoire
complète. Odoaire resta enveloppé dans le
massacre de ses troupes, et les misérables
débris de l'armée royale se virent poursui-
vis jusqu'aux portes d'Oviedo.

Libéraux sophistes de Madrid, venez en
Bizkaïe, je vous montrerai la place où fut
enseveli Odoaire.

Venez en Bizkaïe; vous entendrez chan-
ter aux petits enfans de la montagne, après
neuf siècles, l'héroïde qu'inspira cette
victoire à nos Bardes improvisateurs.

La tradition rapporte que le duc Ximenez, enterré vivant dans les cachots d'Alphonse, n'avait pu supporter ainsi l'exis-
tence, et s'était rendu libre en se laissant
mourir de faim.

Les chroniques du tems disent au contraire qu'il fut étranglé dans les souter-
rains par ordre du Roi.

Les Bizkaïens proclamèrent immédiatement, sous le chêne de Guernika, un
jeune chevalier qui s'était fait remarquer
par sa valeur brillante à la bataille d'Arrigorriaga.

C'est lui que les montagnards désignent
encore sous le nom de *Jaon-Zouri* ou
Seigneur-Blanc, soit qu'il eût une très-
blonde chevelure, soit qu'il portât un écu
blanc et sans devise.

Tige de l'illustre maison de Haro, le
Seigneur-Blanc descendait lui-même des
anciens ducs des Basques transpyrénéens,
dont le rôle avait été si éclatant dans la
lutte des fédérations méridionales contre
les Rois de Paris.

A la mort de Diègue Haro, le templier,

sais : la régénération des Barbares est une
pénible convalescence : vous n'êtes pro-
gressifs qu'à reculons.

Les Basques sont tous égaux, tous libres, de droit et de fait; et parmi vous le
pauvre peuple, réduit à la condition des
Ilotes, n'est qu'un vil troupeau d'indivi-
dus qui n'ont rien de l'homme.

Vous voulez franciser la Castille; les
Espagnols nos voisins peuvent gagner à ce
changement : nous Basques, nous ne pou-
vons qu'y perdre.

Vos institutions *progressives* seraient
pour nous *rétrogrades*.

Les Basques sont un peuple-modèle;
ils ne veulent imiter que la République de
leurs aïeux.

A qui donc parlez-vous de Charte et
croyez-vous avoir inventé la liberté, char-
latans d'hier qui demain ne serez plus?

Savez-vous ce que c'est qu'une monar-
chie populaire? un gouvernement repré-
sentatif? une charte libérale? un trône
républicain?

Je vais vous l'apprendre. Écoutez bien!

VI.

L'institution de la royauté en Navarre date du neuvième siècle.

Jusque-là les Navarrais avaient eu à leur tête, comme les autres familles de la fédération cantabrique, des *Jaon* ou Seigneurs que la loi leur permettait de changer jusqu'à sept fois en un jour.

Toute l'Espagne, jadis gothique, était alors musulmane, à l'exception de quelques vallées des Asturies et de l'Aragon, et de la patrie des Basques.

Les Navarrais, pour mettre fin aux contestations que le partage du butin fait dans chaque guerre sur les Maures ne manquait jamais de susciter, prirent le parti de remplacer la dignité militaire des *Jaon* par la magistrature héréditaire de la royauté.

La préface du Code ou For navarrais place aussi la dégénération des vertus antiques au nombre des motifs qui déterminèrent les Navarrais à se donner un Roi.

Réunis en assemblée générale, les montagnards rédigèrent la loi fondamentale de leur nouvelle constitution monarchique. Elle fut placée en tête du For national et s'exprime en ces termes :

« Premièrement, il a été établi un *for*
» délire, un Roi pour toujours.

» Mais afin qu'aucun Roi ne puisse jamais nuire à la nation qui lui a donné
» tout ce qu'elle a conquis sur les Maures,
» il fera serment, le jour de son élection,
» sur la croix et l'Evangile, de rendre aux
» Navarrais bonne justice; de ne jamais
» attenter à leurs *fors*, mais de leur donner au contraire plus d'extension; enfin
» de partager ses conquêtes avec les Ricombres, Infançons, cavaliers, hommes
» de ville et tout le peuple, sans jamais en
» faire part aux étrangers.

» S'il arrive qu'il soit roi d'une autre
» terre ou d'une langue étrangère, il ne
» pourra introduire à son service dans la
» Navarre plus de cinq hommes de son
» pays.

» Le Roi ne pourra tenir cour ou con-
» seil sans l'assistance des Ricombres na-
» varrais : il ne pourra faire ou conclure
» ni guerre, ni paix, ni trève avec ou con-
» tre aucun Roi, aucune Reine, sans
» l'avis de douze Varones ou hommes
» sages.

» Le Roi de Navarre ne pourra se ma-
» rier qu'à une princesse; et les enfans
» du roi décédé seront exclus de la suc-
» cession au trône s'ils ne sont issus d'une
» mère dont la condition était égale à celle
» du Roi.

» Si le Roi meurt sans postérité, le
» peuple, les écuyers, les Infançons, les
» Ricombres et le clergé en éliront un
» autre.

» Le jour de son couronnement, douze
» Varones feront serment sur la croix et
» l'Évangile d'avoir soin de la personne du
» Roi, de l'État et de la conservation des
» *fors.* »

A ces modifications près, la constitution
navarraise n'a rien perdu de son intégrité
républicaine.

Le Roi de Navarre, responsable per-
sonnellement, n'est que le premier magis-
trat de la république.

Le pacte social ne lui confère que le
pouvoir exécutif dans la signification la
plus restreinte de ce mot. Il n'a même
pas l'initiative de la proposition des lois.

Le pouvoir législatif réside exclusive-
ment dans la représentation nationale des
Cortès.

Les Cortès navarraises se composent des
Hommes ou Députés de toutes les villes
et communes du royaume, nommés en
assemblée primaire.

Leur nombre s'est élevé souvent à plus
de quinze cents personnes, sans compter
les Écuyers, douze Ricombres, l'Évêque
de Pampelune et cinq Prieurs représen-
tant le clergé.

Les Députés votent individuellement,
sans distinction ni privilége.

La réunion des Cortès a lieu de droit
une fois au moins par an, sans édit de
convocation de la part du Roi.

Une junte ou conseil nommé par l'assemblée générale gouverne le royaume dans l'intervalle des sessions.

La durée des sessions est illimitée; les Cortès seules prononcent leur clôture.

Elles admettent quelquefois à leurs séances quelques Officiers nommés par le Roi, mais ils n'ont que voix délibérative.

Les Cortès navarraises votent toutes les lois, font tous les réglemens judiciaires et administratifs, déterminent la quotité de l'impôt et le mode du prélèvement, vérifient tous les comptes de recette et de dépense publique, et confèrent presque tous les emplois civils.

Chaque Député reçoit de ses commettans un cahier de leurs réclamations et griefs, qu'il appuie avec énergie, et ce constant usage équivaut en Navarre au droit de pétition.

Les Cortès, avant de se séparer, offrent au Roi, à titre de présent, une légère contribution. Elles la refusent quelquefois ; mais rarement l'assemblée nationale a l'occasion de témoigner ainsi son improbation à la conduite du chef de l'État.

Enfin, le For pampelunais dit en termes formels :

« Que si le Roi se permet la moindre » atteinte enyers la moindre des libertés » garanties par la constitution , les Navar- » rais seront par là même dégagés du ser- » ment de fidélité, et pourront élire d'au- » tres Rois et Reines. »

Les cérémonies de la proclamation des premiers rois de Navarre portent l'em- preinte du génie indomptable et fier de cette nation et de ses mœurs chevaleres- ques.

Les Aragonnais les adoptèrent lorsque leur comté fut érigé en royaume en faveur de Sanche Ramire , fils naturel de San- che III de Pampelune, surnommé le Grand.

Le Prince royal ayant plié le genou devant le plus ancien des Varones ou hommes sages , le vieillard lui adressait cette question : O toi, qui n'es pas plus que chacun de nous et qui es moins que nous tous, jures-tu de défendre nos *fors* et notre liberté? Je le jure ! répondait-il. Eh bien ! sois notre roi ! criait le peuple.

Ainsi la royauté était conférée en Navarre à peu près comme la chevalerie.

Le For navarrais déclare en effet que, le jour de la proclamation du Roi, nul ne pourra être armé chevalier dans le royaume, et que le Prince royal, conduit par une députation des Cortès, ira s'enfermer seul dans l'église de Pampelune pour y faire une nuit sa veille d'armes, avant de recevoir l'épée et la couronne de Roi.

Voici les termes du serment prêté par tous les Rois de Navarre, à la cérémonie de leur couronnement.

« Nous jurons aux Navarrais, sur cette
» Croix et Évangile que nous touchons de
» notre main, et à vous Prélats, Ricom-
» bres, Infançons, Hommes et Députés
» des villes et communes, et à tout le peu-
» ple, relativement à vos droits, libertés,
» lois, fors, privileges et franchises, savoir :
» que chacun d'eux sera par nous religieu-
» sement observé, conservé et maintenu
» durant tout le tems de notre vie.

» Nous jurons de ne jamais les empirer,

» mais au contraire de les rendre meilleurs
» et plus favorables.

» Nous jurons de réparer tous les griefs
» qui vous ont été faits par nos prédéces-
» seurs, par nous ou par nos Officiers, ou
» qui à l'avenir vous seraient faits ; et ce
» sur le droit et justice qui nous seront
» remontrés. »

Il faut savoir que les Navarrais, le peuple du monde le plus jaloux et le plus fier
de sa liberté, exigent souvent du nouveau
monarque un serment d'une excessive
longueur, rédigé par les Cortès, et dans
lequel on voit figurer l'énumération tex-
tuelle des principaux *fors ;* entr'autres celui qui porte que :

« Nul homme ou femme de Navarre
» qui fournit caution suivant son *for* ne
» peut, sous aucun prétexte ou pour au-
» cun motif, être détenu ou conduit en
» prison, à moins toutefois que le prévenu
» n'ait déjà été jugé pour brigandage sur
» la voie publique ou crime de haute tra-
» hison. »

Aux yeux de la loi navarraise, il n'est

rien de sacré comme la liberté indivi-
duelle.

A ce sujet l'on a souvent cité comme
modèle le texte d'un serment d'association
prêté par quelques Députés des Cortès
pampelunaises durant la minorité de Thibaut II, fils du Roi troubadour.

« Nous jurons par le Dieu vivant, sur la
» Croix et les Évangiles, que si D. Thi-
» baut ne jure les articles tels qu'ils sont
» énumérés dans la présente Charte, il ne
» sera point Roi de Navarre, et qu'il ne
» sera tenu pour Roi et Seigneur qu'après
» avoir fait ce serment.

» Nous jurons que si D. Thibaut vou-
» lait arbitrairement mettre hors la loi du
» For quelque Ricombre, Écuyer, Infan-
» çon, homme ou femme de Navarre,
» nous prendrons tous les armes pour que
» réparation soit immédiatement faite et
» l'arbitraire détruit.

» Que tous ceux qui ont conclu le pré-
» sent accord le fassent adopter et exécu-
» ter dans toute la Navarre.

» Que si quelqu'un d'entre nous y con-

» trevient lâchement, il soit déclaré traî-
» tre à la patrie, et que ses armes ni celles
» d'autrui ne le préservent de la mort. »

Le serment de fidélité prêté au Roi par
les Varones de la montagne, au nom du
peuple navarrais, mérite d'être remarqué.

« Nous Varones de Navarre, en notre
» nom et en celui de tous les Infançons et
» Guerriers, jurons sur cette Croix et
» Évangile que nous touchons de notre
» main, de fidèlement servir votre per-
» sonne et votre terre, et de vous aider de
» tout notre loyal pouvoir à maintenir et
» défendre nos *fors* et notre liberté. »

Les autres cérémonies du couronnement
sont très-simples.

Le Roi debout à l'autel, en costume d'É-
cuyer, ceint lui-même l'épée, emblême
de son pouvoir militaire; il la tire du four-
reau brillante, et l'agite en l'air trois fois.

Il se couronne de ses propres mains :
lui-même il prend sur l'autel le sceptre et
la pomme d'or, puis s'élance sur un large
bouclier, avec lequel les Ricombres et les
Députés des villes l'exaltent et le montrent

au peuple au cri de *Roi* trois fois répété.

« Et ce faict (écrivait un Vice-Roi de
» Navarre au Roi de France Philippe-le-
» Hardi), l'y Rois s'en va en son hostel,
» et chascuns au sien et va chascuns l'aouy
» veut. Ne auctres feautes, ne auctres
» hommages, l'y Rois ne reçoit des Navar-
» rois, ni ils plus de lui que dict est. »

VII.

L'origine des Basques se perd dans les
mystères de l'antiquité primitive.

Elle se rattache au monde social détruit
en Occident par l'invasion celtique, à des
civilisations éteintes et des âges histori-
ques ensevelis dans un profond oubli, sur
lequel planent aériens quelques vagues
souvenirs de genre humain type et primitif, de lumière pure et de parfaite liberté.

Ignorés de la civilisation nouvelle, les
Basques s'ignorent eux-mêmes.

Leur agilité physique, leur caractère
franc et jovial, leur fanatisme de la patrie

et de la liberté, leurs mœurs hospitalières et leur génie belliqueux sont passés en proverbe; et la singularité la plus frappante d'une destinée toute exceptionnelle dans l'ordre de l'humanité, c'est qu'un tel peuple ait pu traverser avec tant d'éclat une période de près de cinquante siècles sans avoir révélé son vrai nom à l'histoire des barbares.

Sophistes ignorans de Madrid, dites-moi pourquoi les hommes libres des Pyrénées ne sont ni *Vascons* ni *Cantabres*, et préfèrent à ces noms resplendissans de gloire un nom mystérieux inconnu de l'étranger?

Dites-moi pourquoi ils s'appellent *Eskaldun*, leur territoire *Eskal-Herri*, leur idiôme *Eskara?*

Pourquoi, lors de la conquête de l'Espagne par les Maures et l'extermination des Visigoths, les Basques, resserrant les nœuds de leur fédération, arborèrent un étendard surmonté de trois mains sanglantes, avec cet exergue ibérien : *Irurakbat,* les trois n'en font qu'une?

Quel philologue d'entre les barbares a jamais connu le prix de l'idiôme original et parfait auquel ces montagnards doivent leur nom de peuple, bien antérieur à l'irruption des hordes celtiques qui apportèrent, avec la nuit, dans le Midi, le babélisme de leurs âpres dialectes?

Les Ibériens ou Basques antiques portaient le même nom distinctif de *Eskaldun*.

Qu'étaient en effet ces aborigènes durant l'âge primitif, alors que des fédérations patriarcales couvraient le sol de cette belle péninsule, et que des chênes semblables à celui de Guernika ombrageaient le sénat de chaque République?

Des hommes libres, des hommes habitant l'Ibérie, des hommes parlant *euskarien*.

VIII.

L'irruption des Celto-Gaulois en Espagne, trois mille ans avant l'apparition du Nazaréen civilisateur, trois mille ans après le déluge de la rénovation terres-

tre, paraît avoir détruit le primitif em-
pire des Ibères, et déterminé l'établisse-
ment des Euskariens-Basques dans les
Pyrénées Occidentales.

A dater de cette invasion première, la
scène européenne a vingt fois changé de
décorations et d'aspect. Les diverses géné-
rations des barbares s'y sont écoulées
comme des flots rapides qui élèvent tour
à tour sur leurs rivages des retentissemens
sonores et des murmures orageux ; et dans
ce mouvement perpétuel, le petit peuple
euskarien, immobile comme les rochers
tutélaires de ses montagnes, n'a subi ni
changement ni altération.

La main du tems n'a point imprimé de
rides sur sa physionomie : elle n'a point
effacé un seul des traits qui la rendent si
singulièrement originale, ni terni le plus
légèrement la fraîcheur de sa couleur primitive.

Sans cesse aux prises avec les conqué-
rans et les dominateurs barbares de la Péninsule et des Gaules, on l'a vu déployer
dans la défense de sa liberté un héroïsme

opiniâtre ; assailli de toutes parts, se dé-
battre et lutter grandissant chaque jour
d'énergie et d'exaltation, briser dans la
main de ses oppresseurs le joug qu'on lui
voulait imposer, et terminer toutes ses
guerres par des victoires ou par des traités
de paix.

L'Euskarien se délassa quelques jours
de ses travaux guerriers après l'expulsion
des Maures.

Toujours laborieux, il donna par la cul-
ture à ses vallées agrestes l'aspect d'un
jardin, bâtit des villes, creusa des ports,
aplanit des chemins spacieux sur des pré-
cipices, embellit de toutes parts son sé-
jour, et fit briller sur ses rochers un reflet
de la civilisation de ses pères.

Bientôt, entraîné par son génie entre-
prenant, il chercha de nouveaux périls et
de nouvelles gloires.

Sur la foi des traditions ibériennes, il
annonça aux barbares de l'Occident l'exis-
tence de l'Amérique. Il construisit des
vaisseaux, vogua vers les Canaries, et, par
ses découvertes et son exemple, donna

l'essor aux prodiges modernes de la navi-
gation (1).

Le premier il courut attaquer sur les
parages les plus dangereux de l'Océan le
plus puissant de ses monstres, et remporta
ainsi le dernier et le plus beau triomphe
du génie de l'homme sur la nature (2).

Parfois encore, appelé aux combats pour
la cause de ses amis et de ses alliés, le
montagnard pyrénéen jetait sa vaillante
épée dans les balances de la victoire (3).

Habile à forger des armes meurtrières
comme à s'en servir, il donna toujours et
partout l'exemple d'un génie industrieux
et d'une valeur indomptable.

L'invention des mines et celle de la
bombe, que l'on doit à deux Basques (4),
ont changé l'art de la guerre et des siéges;
il ne reste de forteresses imprenables dans
l'univers que les montagnes défendues par
des hommes libres.

(1) Découverte des Canaries par les Guipuzkoans, en 1393.
(2) Pêche de la baleine par les Basques Labourdins, en 1521.
(3) Bataille de Pavie.
(4) Pierre de Navarre. Renaud d'Eliçagaraï.

IX.

Bizkaïens, écoutez-moi !

Plus d'une fois, depuis les siècles, le chêne de Guernika s'est courbé jusqu'à terre, sous les efforts des barbares, pour se redresser triomphant.

Les brigands soldés de Christine ont abattu le chêne de Guernika.

Les Cantabres le relèveront avec gloire, et les Hommes de la République iront de nouveau s'asseoir sur les banquettes de pierre qui entourent l'arbre de la liberté.

Bizkaïens ! replantez auprès du chêne antique un nouveau rejeton ; qu'arrosé de votre sang, il croisse et grandisse vers le ciel pour donner à son tour l'ombrage de quelques siècles à la liberté de vos enfans.

Ses rameaux sacrés que les Ibères des Pyrénées doivent distribuer un jour, deviendront le gage de l'affranchissement et de la fédération des peuples... Aërio !.....

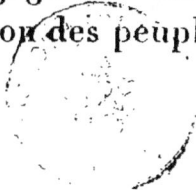

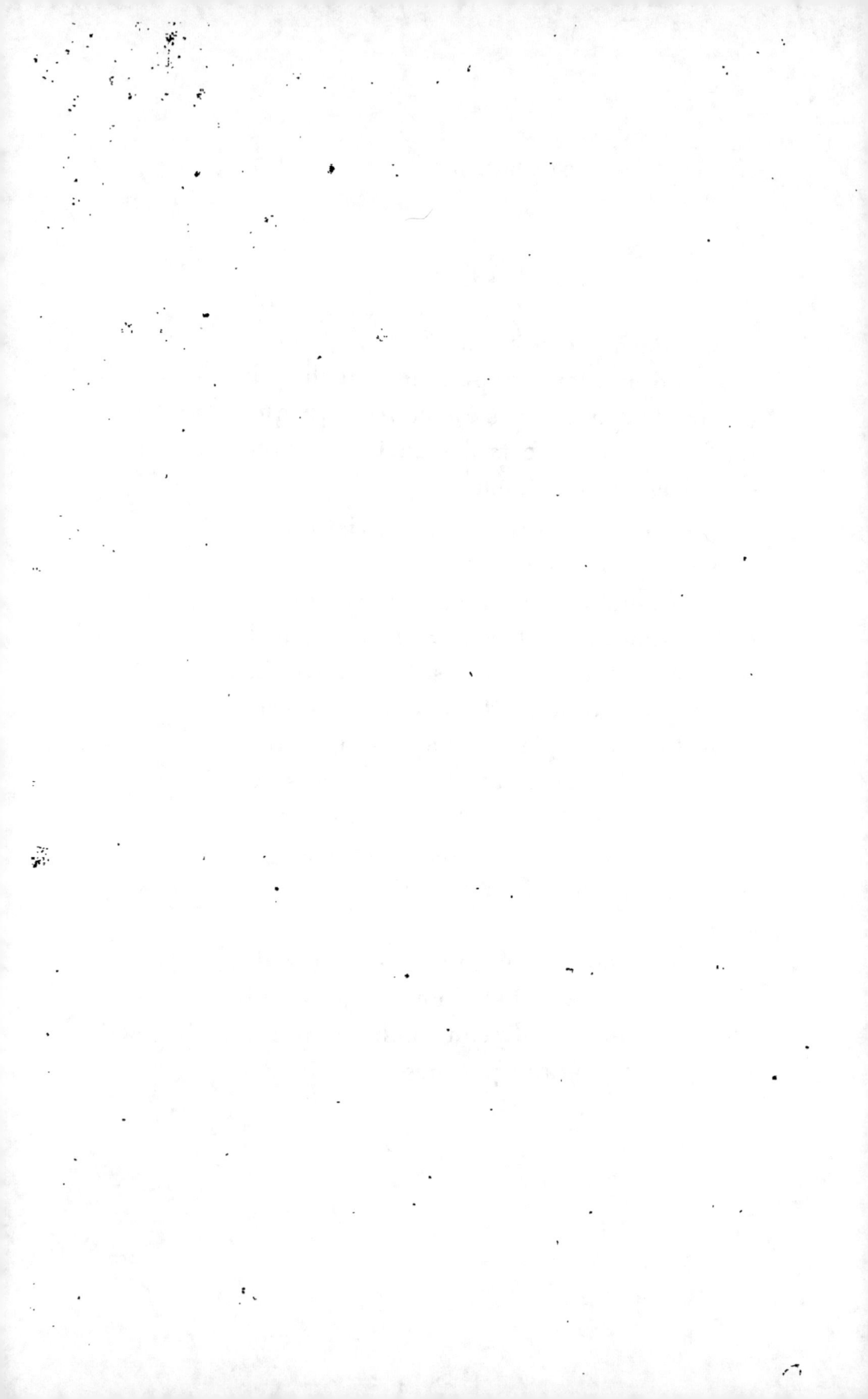

www.ingramcontent.com/pod-product-compliance
Lightning Source LLC
LaVergne TN
LVHW020057090426
835510LV00040B/1743